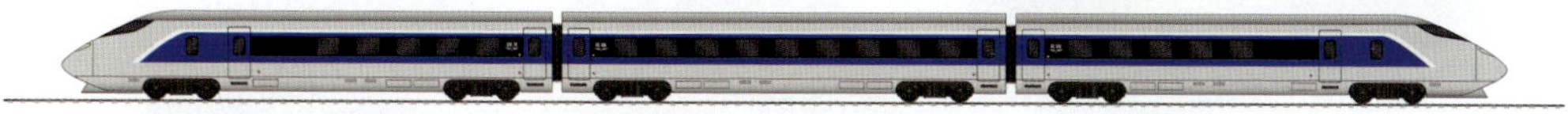

عَدَدْنا الآنَ مِنْ واحِدٍ إلى عَشَرَةٍ.

دَعُونا نَعُدُّ مَرَّةً أُخْرى.

10

عَشْرُ شاحِناتٍ

١٠

9

تِسْعُ سَيّاراتٍ

٩

8

ثَماني طائِراتٍ مِرْوَحيَّةٍ

٨

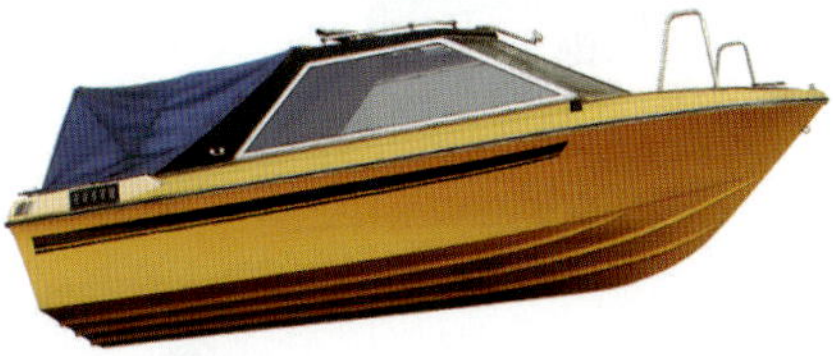

7

سَبْعةُ قَوارِبِ

٧

6

سِتُّ طائِراتٍ

٦

5

خَمْسُ دَرّاجاتٍ

٥

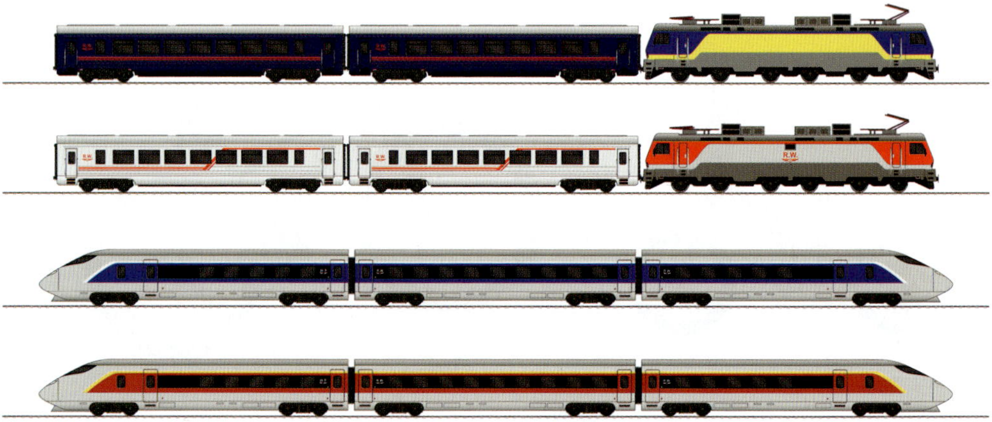

4

أَرْبَعُ قِطاراتٍ

٤

3

ثَلاثُ حافِلاتٍ

٣

2

دَرّاجَتانِ ناريَّتانِ اثْنَتانِ

٢

1

سَيّارَةُ إِطْفاءٍ واحِدَةٌ

١

أَعُدُّ مَرْكَبَاتٍ

Produced by Scholastic International. Design by Eva Jakubowski.

ISBN 978-1-338-26793-8

First Arabic Edition, 2018. Printed in China
1 2 3 4 5 62 21 20 19 18 17

Photos ©: cover top: Gubin Yury/Shutterstock; cover bottom: remik44992/Shutterstock; back cover top: Vereshchagin Dmitry/Shutterstock; back cover bottom left: Trimitrius/Shutterstock; back cover bottom right: Rawpixel.com/Shutterstock; i top: Rob Wilson/Shutterstock; i bottom: MossStudio/Shutterstock; 1 and throughout: Karen Katrjyan/Shutterstock; 2 and throughout: Oleksandr Grechin/Shutterstock; 3 top: remik44992/Shutterstock; 3 center and throughout: Rob Wilson/Shutterstock; 3 bottom: Rob Wilson/Shutterstock; 4 and throughout: autovector/Shutterstock; 5 top left: Sergiy Kuzmin/Shutterstock; 5 top right: Donna Beeler/Shutterstock; 5 center left: graja/Shutterstock; 5 center right: MossStudio/Shutterstock; 5 bottom and throughout: Gena73/Shutterstock; 6 and throughout: MO_SES Premium/Shutterstock; 7 top left: Dr Ajay Kumar Singh/Shutterstock; 7 top right: Vereshchagin Dmitry/Shutterstock; 7 top center left: Dja65/Shutterstock; 7 top center right: Chubarov Alexandr/Shutterstock; 7 center left and throughout: Vereshchagin Dmitry/Shutterstock; 7 center right: Nerthuz/Shutterstock; 7 bottom: Sergiy1975/Shutterstock; 8 top left: Vereshchagin Dmitry/Shutterstock; 8 top right: Steve Mann/Shutterstock; 8 top center left: Vereshchagin Dmitry/Shutterstock; 8 top center right: mezzotint/Shutterstock; 8 center left and throughout: Jeffrey B. Banke/Shutterstock; 8 center right: Vereshchagin Dmitry/Shutterstock; 8 bottom left: Vereshchagin Dmitry/Shutterstock; 8 bottom right: Gubin Yury/Shutterstock; 9 and throughout: Rawpixel.com/Shutterstock; 10 top left: Pixelci/Shutterstock; 10 top right: Trimitrius/Shutterstock; 10 top center left: rpernell/Thinkstock; 10 red truck: Mikbiz/Shutterstock; 10 top center right: I'm friday/Shutterstock; 10 center left: Rob Wilson/Shutterstock; 10 center and throughout: Nerthuz/Shutterstock; 10 center right: Michael Shake/Shutterstock; 10 bottom left: fotoVoyager/iStockphoto 10 bottom right: Maksim Shmeljov/Shutterstock.